Mikka-Bozu no Yaruki-jutsu

三日坊主のやる気術

山﨑拓巳
TAKUMI YAMAZAKI

大和書房

まえがき

やる気はどこからやってきて、どこへいってしまうのだろう。

やる気がなくなってしまうと、

「ああ、ボクは精神力が弱い」

「ああ、私は決断力がない」

と意気消沈し、やる気はどうやったら継続できるのだろうと悩むものだ。

そんな人をボクたちは「三日坊主」と呼ぶ。


三日坊主は「忘れやすさ」から起きるのではないだろうか。

会社でやる気になっても、家に帰ったときには、やる気は半分以下になっている。

次の日になると、やる気が蒸発しているどころか、「何を忘れたか」を忘れている。

その次の日となると、「忘れちゃいけない」ということも忘れてしまっている。

だから、やる気のある人は、やる気があるのではなく、「忘れさせない」「思い出させる」の達人なのである。


「三日坊主を何度も続けることで、やる気は継続できる」

というお話を浅見帆帆子さんから聞いて、この本を書くことにいたった。

ボクたちは誰もが三日坊主なのだ。

だから、記憶が消えてなくなる前に、次の三日坊主をスタートしていく。


読み始めると、一度心にとどまり、そして忘れ始めていくやる気とのお付き合いを、

「人生はやる気の実験室だ」と思ってお楽しみください。

山﨑拓巳

contents

STEP 1

やる気の素顔

STEP 2

やる気の操縦術

contents

STEP 3

やる気の発火術

STEP 4

やる気の修理術

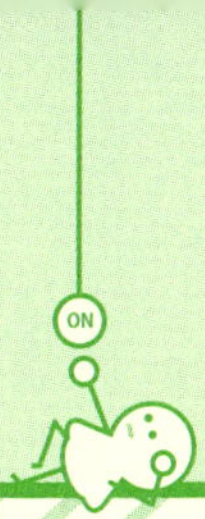

STEP 1 やる気の素顔

人生は「やる気の実験室」だと考える

ボクは子どもの頃《ころ》から「自分はダメだなぁ」と自分を責める癖があった。

「ああ、喋《しゃべ》りすぎちゃったかなぁ……」

「ああ、なんであんなこと言っちゃったのかなぁ……」

など、反省ばかりしていた。

「あの人たちはすごいなぁ」と、上手に物事を前に進めていく人たちを見ると、「自分はダメだなぁ」と自分を責めてばかりいた。


そののち、「あの人たちみたいになりたい」と、憧《あこが》れを抱《いだ》いた人たちを研究するようになった。

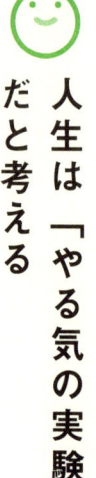

「なぜあの人たちはうまくいくんだろう」と、**うまくいく法則を探し始めた。**

その法則を見つけると、自分のキャラクターに馴染《なじ》ませ、努力なく当たり前にできるようになることに努力していた。

人生は実験室だなと思う。

法則を見つけるということがあったときに、**「あっ、こうなんじゃないかな」と浮かんだら、それを実験的にやってみる。**

「あ、これは例外があるな。これは違うな」というのが見つかると、人生の法則から外した。

「すごい努力家だよね」とか「やり続けていくよね」と言われるけれど、逆にいうと、ボクはその実験をやることが好きで、それをちゃんとやらなくなることのほうが努力がいる。

自分自身が心の奥底で持っている自分に対する評価（＝セルフイメージ）とはまっ

たく違う現実を持っているとき、ボクたちはなんとセルフイメージどおりに生きようとする。

周りの人たちは、「あいつ、変わったわ。最近、めっちゃ頑張ってる」と言う。

でも本人は、じっとセルフイメージの外にいるほうが努力がいる。セルフイメージ内に行くほうが、気持ちいい。

セルフイメージを書き換えて、新しいセルフイメージを自分のものにすると、居ても立ってもいられなくなる。

新しいセルフイメージのなかに逃げ込んでいく。

だから、なんの努力感もなく、そのことを具現していくことができるのだ。

WORK

あなたが最近、
日常のなかで気づいた法則を書き込んでみよう。

〈例〉 急いでいるとき、わざとゆっくりやると、実は速くできあがる。

あなたが最近、
仕事のなかで気づいた法則を書き込んでみよう。

〈例〉 メールの返信を書くのが面倒くさいなぁと思っているときに、「3個だけやってみよう」と始めると、気持ちが乗ってくる。

人はすべてのことに対して「自分らしさ」を持っている

「私は何々以下ではなく、何々以上でもない。この間をもって私よ」というように、ボクたちは、自分自身のことを限定することによって、自分たらしめている。

どんな人にも、過去にはいろんな経験があるだろう。

全然ダメだった。うまくいった。まあまあだった。

メチャメチャうまくいった。ダメだった。最悪だった。まあまあだった……。

ある面でダメだったことが起こると、ボクたちは「ダメ地域」をつくり、もうそれを選択しなくなってしまう。

過去を振り返って、うまくいったこと、まあまあだったことしか選ばなくなっていく。

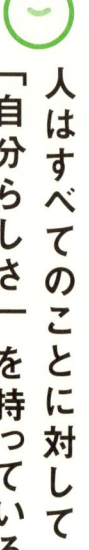

ということは、**あなたの未来は、「過去」ということになる。**

年を重ねていくと、かつてやっていないことは選ばなくなっていくものだ。
会社でも「前例がない」という理由で、自分の意見が通らないことは多いだろう。
過去の呪縛《じゅばく》を受けると、人はそのようなカタチになっていく。
前例のないことを選ばなくなり、過去を生きるようになっていくということだ。
それは、素晴らしいことでもある。
ミスすることがないからだ。
だけど、新しい展開も、サプライズも、何もない。

ボクたちはどういうふうにそれをやっているのか。
人間の意識には、「顕在意識」と「潜在意識」というものがあり、「ああ、そうね。考えてるし、思ってるし、そうそう」と、手に取るように感じ取ることができる「顕在意識」、感じ取ることができない「潜在意識」がある。

顕在意識は1秒間に140の出来事を解決できるのに対して、潜在意識は2万の処理能力を持っているといわれている。

この潜在意識は、あらゆる瞬間、片時も休むことなく最善で最良のことを選び抜いてくるという、とんでもない能力を持っている。

何に対して最善で最良のことを選び抜いているのか。

潜在意識は、自分が腹の底の底で、自分のことをどう評価しているか、どう判断しているかを常に具現しているのだ。

では、ボクたちは自分のことを、いったいどう評価しているのだろう。

それを認識できるワークがある。

二人組みになって、まずAさんが「最近できなかったこと」を言う。

次に、Bさんは「言い換えてください」と言う。

そうしたらAさんは、「わざわざ何々しないことを選んだ」と言い換える。

例えば、

Ａ「先月ダイエットしようと思ったんだけど、全然痩《や》せられなかった」
Ｂ「言い換えてください」
Ａ「私はわざわざ太ることを選択した」

痩せようとしたけど太ったのは、結論としてセルフイメージが「太ることを許している」ということ。

顕在意識のほうで１４０人が「彼氏がほしいー」と言っているのに彼氏ができないということは、潜在意識のほうで2万人が「彼氏がいるとうざーい」と言っているからなのだ。


このように、ボクたちはセルフイメージどおりの未来がやってくるように行動を結びつけている。

自分の腹の底の底で、自分のことをどう評価しているかを、確実に具現していく。

「ごめんね、遅れてー」と言いながら、「遅刻しそうだとわかっていたのに、もう一杯コーヒーを淹《い》れて飲んでから家を出てきたもんね」みたいに。

顕在意識で思っていることと、潜在意識で思っていることは違うのだ。

このセルフイメージを変えないかぎり、現実は変わらないということを、まずは知っておくといい。

WORK

最近できなかったことを書き出してみよう。

〈例〉先月、目標を達成できなかった。

言い換えてみよう。

〈例〉先月、わざわざ目標を達成しないことを選択した。
目標を達成したくなかった。

「めげやすい」人は、やる気を継続できる

「人を元気にする本をいつも書かれますよね。いつもポジティブだからですよね」とよく言われる。

でも、ポジティブな人は、人を元気にさせる本を書けないのではないか？

ポジティブだから、めげている人のことが理解できないのではないかと思う。

「大丈夫、大丈夫」「気にしなかったらいいじゃないの」みたいなケースになってしまう。

ボクはネガティブ出身だから、ネガティブな人の気持ちがわかるのだと思う。

例えば、『気くばりのツボ』という本は、「かつてはやっていなかったんだけど、こ

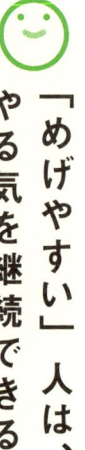

れやったほうがいいよ」「かつては反対をやってたんだけど、こうやったほうがうまくいくよ」みたいに、気くばりができない人だったから書けたと思う。気くばりができる人はそんな本を書かないだろう。

だから、**やる気をキープできる人というのは、逆にいうと、めげやすい人。めげる気持ちがよくわかる人**だと思う。

緊張する人って、自分をよく思ってほしいと思っている。

よく思ってほしいと思っていない人だったら緊張しない。

「いい結果を出したい。それが出なかったらどうしよう……」ということで緊張している。

同じように、やる気が継続しない人は、やる気が出ているときに、それが継続すると思ってしまう。

「こんなにやる気なんだからもう間違いない！」みたいに思ってしまう。

例えば、「こんな気持ちになったことはない。こんなに好きなんだから、この人以外ないんだ。出会っちゃったんだ」みたいな人はマリッジブルーになりやすい。

でも、「こんなに好きだけど、この気持ちはいずれ変わっていくぞ」ということを知っている人が、続けられる人だと思う。

やる気は継続しないものだということを大前提に考えると、やる気は継続していく。

やる気が継続する人というのは、それを知っている人だ。

WORK

あなたが「自分のことをイヤだなあ」と思っていることは何ですか？

〈例〉自分の顔が嫌いだ。
自分はがさつだ。
人前で緊張しやすい。

そのことが導き出す「あなたの素敵」は何ですか？

〈例〉美しく綺麗な顔でいたいと思っている。
品よく生きたいと思っている。
人にいつも良いように思われたい。

やる気が下がるのは「ホメオスタシスのせい」と認識する

やる気がなくなる人というのは、「ホメオスタシス」によって振り戻されて、元の自分に戻っていくことが多い。

「ホメオスタシス」とは、つねにいつもの状態を保とうとする性質（＝恒常性）をいう。

例えば体温が上がると、「おお、いけない」ということで汗をかいて体温を下げたり、血糖値が下がると、「おお、まずいぞ」といって分泌物を出して血糖値を上げたりする働きのことである。

これは、「潜在意識」がやっていることだ。「顕在意識」がやっているとしたら、「ボーッとしてたら、体温が52度まで上がってた」なんてことになってしまう（笑）。

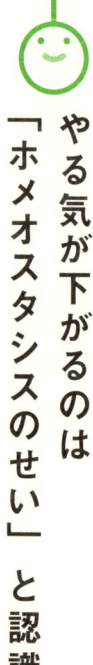

無意識が勝手にボクたちを正常な状態でいられるようにしてくれているのだ。

この「ホメオスタシス」は、「身体レベル」においてだけではなく、「思考のレベル」においても機能している。

バーンと恋したのに、ある日突然、バーンと素《す》に戻ることがある。

「ただのおっさんやんけ。恋の賞味期限切れたわ……」と。

あれは、あなたの移り気ではない。ホメオスタシスなのだ。

結婚もそう。

「こんな気持ちになったことない。もう出会ったんだ、私」と、最初は思う。

で、だいたい結納が終わったあたりでドンッと振り戻る。

「違うかも……というか嫌い」とか、思ったりする。

これは、恋が冷めたりしたのではなく、意識が醒《さ》めたのだ。

恋に落ちた状態の鹿《しか》がずっとサバンナを歩いてたら、すぐ食べられてしまう。命を守るために、素に戻るようになっているのだ。

昨日までボーッとうまく生きていたのが、急にやる気になることがある。やる気というのは、昨日までと違う「異常な精神状態」に入ったということだ。

だから、ボクたちはポーンとやる気になっても、生命を維持するために、ダーンと素に戻るようになっている。

そんなときに、「自分には精神力がない、決断力がない」「俺ってなんでこんなにいつも弱っちいんだ」と、自分を責める人もいるが、実はそれは生理現象だったということだ。


三日坊主の人は、ホメオスタシスをくらっているんだということをまず自覚する必要がある。


「あ、これはホメオスタシスだな。今、セルフイメージを超えた精神状態になっているから、元への引き戻しを起こされているんだな」という冷静な認識がないと、興奮したときは興奮した意識で、そこからの窓で世界を見てしまう。

素に戻ると、素に戻ったで、今度はそこからの窓で世の中を見てしまう。

「あ、今やる気が下がったから、『怖い』と思っているんだな」

「これもまた興奮すると、『何バカなことを言ってたんだろう。やるしかない』となっちゃったりするんだろうな」

こういう、冷静な自分がいると、「素に戻り現象」を回避できる。

恋愛でも、「こんなに好きな人に出会ったことない。もう間違いない」とか思うと、絶対に素に戻ってしまう。

「こうやって思っているけど、時間とともに変わっていくんだろうな」とか、「ややもすると冷めたようになっているときに大きな病気でもして、介護されたりすると、『この人しかいない』とか思ったりするんだろうな」といったように、両方における冷静さが大切だ。

WORK

あなたが今まで、
三日坊主で終わってしまったことは何ですか？

そのとき、どんな気持ちで臨んでいたら、
そうはならなかったですか？

必殺仕事人的な「重心の位置」がいい

やる気とは「原因を生み出すぞ」というものだ。

原因があるから結果がある。だから、**結果を決めて、その原因を生み出すぞというものがやる気なのだ。**

けれど、やる気だけでは結果は出ない。

「コレができたらアレ」「アレができたらソレ」と段取りを立てていく。そうやって手順がわかってくると、もう「必殺仕事人」みたいな落ち着きが出てくる。

「やらせていただきます、ソレッ」みたいな。それが集中。

集中とは、何を原因として結果に結びつくかを的確に見つけ出すためのものであり、見つけ出したときにそれを遂行《すいこう》していく、狂気のなかの静寂みたいなものだ。

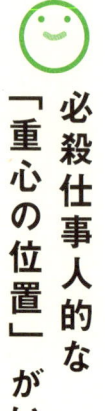

集中してやる気まんまんの状態というのは、笑ってもいないし、興奮してもいない。子どもがマンガに入り込んでいるときのような、忘我の世界に入っていく感じに似ている。

だから、「やってやる！」っていうときは、やるのが難しいと思っているときだ。だって、「マンガを読んでやる！」なんて思って読んでいる人はいないだろう。


開かない扉を開けようとするから人は勇む。

体当たりで開くように勇むのだ。

でも、普通にドアを開けるとき、開くことがわかっていたら、勇む人はいない。

異常な興奮度合いになるときというのは、難しいっていうことを認識したときだ。

興奮して物事を進めると、やる気の重心が高くなっていく。

だから、もっと冷静で、「やらせていただきます」という、必殺仕事人的な重心の低さがいい。

「やるしかない！」みたいなやる気は、八兵衛《はちべえ》の「てぇへんだ、てぇへんだ」に近い感じがして、重心が高い。

電話で「やります！」と興奮している人には、ボクは「ちょっと重心が高いかな。もうちょっと落ち着いて、**丹田《たんでん》ぐらいに重心を持っておいで**」と言ってあげる。

「今日話を聞いて、今日からピシッとしますわ」くらいがいい。

重心が高いと反動をくらうので、ホメオスタシスをくらいやすい。

飲んでいるときに若い子が、「やりますわっ！」みたいなことを言っているのを聞くと、「きっと次の日続かないだろうな、このやる気」と思う。

ボクもそうやってやる気になって家に帰って、「もうやるしかない」みたいになったけど、朝起きたときにドンドロリンになっていて、「何だったのかね、昨日」みたいなことがあるからだ。

やる気は高いほうがいいが、やる気の重心は低いほうがいい。

やる気の重心が高いと、続かないし、ミスも多い。

WORK

あなたが今やる気になっていることは何ですか？
そのやる気の重心は、高いですか、低いですか？

〈例〉 ダイエットをする。 【高　中　(低)】
ジャズダンスを習う。 【(高)　中　低】
論文を書く。 【高　(中)　低】

【高　中　低】
【高　中　低】
【高　中　低】
【高　中　低】
【高　中　低】
【高　中　低】
【高　中　低】
【高　中　低】
【高　中　低】
【高　中　低】
【高　中　低】

人は「今の自分に重要だ」と思うことしか見えない

ボクたちの脳は3％ほどしか使われてないんじゃないかといわれている。

この根拠は何かというと、人間は大脳が異常発達しているのに、脳に栄養を補給していく消化器系は他の動物となんら変わらないため、ボクたちは消化器系が栄養を供給できる範囲内しか脳を使っていない。とすると、どう考えても3％程度ではないかというようにいわれている。

では、他の97％はどうしているのか。

使ってない。脳は使っているように思わすのが得意。

他の97％は、記憶に頼るというかたちで省エネをしているのだ。

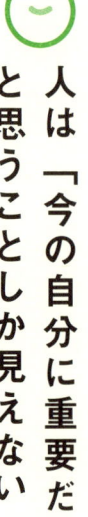

つまり、**ボクたちは殆《ほとん》ど記憶のなかを生きている。**

１００個の情報がボクたちのところにあるとき、97個を捨てて、３個だけ取り入れているというように考えることができる。

１００個の情報があったとしても97個は捨てて、３個だけ。どんなものを取り入れているかというと、自分にふさわしく、自分の脳にとって重要度の高い情報だけを取り入れている。

ということは、その幅をもって、ボクたちは自分のセルフイメージだと考えることができる。

スコトーマ、これは盲点という意味だ。

ボクたちは脳のすべてを使っているように見えるが、97％は盲点。

かつて自分が認識した記憶を頼って、**自分の脳にとって重要度の高い情報だけを取り入れている。**

例えば、妊婦になると、街中で妊婦が目につく。

引っ越ししようと思うと、不動産屋が目につく。

欲しいと思うカバンを街中で見かける。

好きな人が着ている服と同じものを着ている人を見かける。

など、セルフイメージに合った情報しか集まってこない。


これはすごい検索能力を持っている。

例えば、パーティ会場のあちこちでみんなが喋っている音の羅列のなかで、目の前の友だちが喋っている声は全部トレースすることができる。

後ろのチームであなたの名前がポッと出た瞬間、あなたは、「誰か私の名前を呼んだよね?」と気づく。

あなたの名前はあなたの脳にとって重要度が高いため、捨てていた情報のなかから、「誰か私の名前を呼んだよね?」と気づく。

このようにボクたちの脳は、セルフイメージにふさわしい情報だけを集めている。


だから不幸な人は不幸に敏感で、幸福に鈍感だ。

幸福な体質の人は、不幸に鈍感で、幸福に敏感だ。
セルフイメージが変わらないかぎり、変わらないのだ。

セルフイメージが書き換わると何が起きるか。

今まで記憶に頼っていた盲点にポコッと穴があき、新しい情報が入ってくるようになる。

例えば、「これ、条件が揃《そろ》ったら頑張ろうと思うんだ」と言う人がいるけど、条件は揃わないと思ったほうがいい。

今の自分にふさわしい条件しか見えないからだ。人脈、金脈、情報、やり方、すべてのことが、自分にふさわしいものしか見えないのだ。

けれど、セルフイメージが書き換わった瞬間、例えば「そうだ。ボクの従兄弟《いとこ》が市会議員やってて……」「はやく言ってよ」ということがある。

そう。元々あったのだ。

しかし、そこにはスコトーマが関《かか》わっているので、自分の認識のレベルには落ちてこないようになっている。

なので、セルフイメージが書き換われば、すべての条件は自分の身の回りにあったことに気づく。

あなたが心の奥底で、あなたのことをどう評価しているか。このセルフイメージが書き換わった瞬間に、ホメオスタシスが働いて、あなたは居ても立ってもいられなくなり、快適感を求めて新しいセルフイメージのなかに逃げ込んでいく。

そうすると、努力感なしに夢が叶《かな》っていく。

そのときに、やり方、方法、金脈、人脈、すべての条件が、「向こうからどんどんやってくる」みたいなかたちでシンクロニシティ（意味ある偶然）を使って、あなたのところへやってくる。

バンと心が決まった瞬間に「あいつだ！」と思うと、そいつから電話がかかってくるとか、街でバッタリ会うといったことがあるように。

WORK

あなたが最近体験した
「シンクロニシティ」は何ですか？

人生のマネジメントは「メモリー・マネジメント」で決まる

ボクたちは3つの箱を持って生きている。

これは、池田貴将さんに教えていただいた話だ。

3つの箱にはそれぞれ、過去記憶、現在記憶、未来記憶が入っている。

なかに入っている記憶の質ではなく、量が一番大切だ。

ボクたちはついつい質にこだわってしまう。

「こんな過去のすごい思い出がある」とか、「未来にこんなありがたい夢を持ってる」という質にこだわるが、**量が一番多い箱が、あなたの脳を支配していく。**

人の脳は往々にして過去にまつわる記憶が一番多い。

過去記憶の呪縛をくらうと、未来は過去の焼き直しになり、新しいドキドキと触れる機会は少なくなっていく。

また、時間の経過のなかで過去記憶は劣化し、取り違えた過去になっているケースが多々ある。

それは、間違ったカーナビで旅に出ているのと一緒だ。

一回リライト（再編集）しておいたほうがいい。

人生というのは、記憶の編集であり、編集能力の高さが問われる。

どんなに素晴らしい出来事が起きるかではなく、それらをどう編集していくかが重要だ。

現在記憶の多い人は、昨日まで未来にワクワクしていても、ドーンと机に仕事を積まれた瞬間に、未来へのワクワクはどこかへ行ってしまい、急にバタバタするものだ。

現在記憶に脳を支配されると、バタバタとたくさんの行動をするのだが、未来はなかなか変わらないものである。

しかし、未来記憶が一番多い人は、いつもワクワクしている。

では、未来記憶を増やすには、どうしたらいいのか。

自分に向ける質問を「未来に関する記憶が増えていく」問いかけに変えることが大切だ。

「制限がないならば、どんな未来がいいのか。どうありたいのか？」

ボクはこれを、常に自分に聞くようにしている。

制限は過去によってできあがっている。

その制限を外した状態で、本当はどうありたい、本当はこうありたい、と出てくるアイデアとともに、ワクワクがやってくる。

ボクたちはよく、理論的にものを考えようとするが、理論は過去の産物である。

また、「考え方を変えなさい」とよく言われるが、考え方を変えるのは難しい。なぜなら、自分が自分に向けた質問に対して出てきたものが、自分の考え方であるからだ。

自分で自分に向けた質問に対して反射的に出てくるものを変えるのは難しいけれど、**自分に向ける質問を変えることによって、自分の考え方をコントロールすることはできるのだ。**

1日が過ぎると過去の記憶が1日ぶん増える。

すると、この量的に優《まさ》っていた未来記憶が過去記憶、現在記憶に抜かれて、「あら、ちゃんちゃらおかしくなってきたわ。別にどうでもいいような気がしてきた」というふうに、ワクワクが消えてしまう。

これが「ホメオスタシス」をくらった瞬間の感情。

そのときに、「あかん。未来記憶が負けてるわ」と認識し、「制限がなかったらどうなりたいのか」という問いかけをやると、ワクワクがまたやってくる。

未来の情報にあふれた毎日を生きると、ワクワクは止まることなく起きていくのだ。

future

WORK

制限がないならば、どんな未来がいいですか？
どうありたいですか？

「ぶっ飛んだ夢」で今の自分を書き換える

叶える方法すらわからない夢を持ったとき、あなたは、今の自分を変えることができる。

叶える方法がわかるということは、過去に経験があるということ。

ということは、過去の記憶に呪縛を受けてしまう。

過去に経験があって、方法がわかるということは、セルフイメージの上位のほうには行けるが、セルフイメージを書き換えることはできない。

ぶっ飛んだ夢を持つことによって何が変わるのか。
未来が変わるわけじゃない。

今が変わる。今のあなたが変わるのだ。

だから、ぶっ飛ぼうじゃないですか。

脳機能学者の苫米地英人さんに、自分のすり込みを外す方法として、人生のなかでぶっ飛んだ夢を5回持つと殆どのすり込みが外れると教えていただいた。

ぶっ飛んだ夢が見つけられないという人はこんなことを思い出してみてほしい。

子どもの頃に何に没頭していたのか？

友だちに「あなたのココが素敵ね」と言われたことがあることは何なのか？

そのことに携わっていると矢のように時間が過ぎてしまうあなたの大好きなことは何か？

お金を払ってでもやらせてほしい、手伝ってあげたいと思うことは何か？

これらのことを考えていくと、あなたのぶっ飛んだ夢の方向性は見えてくるだろう。

今のあなたの価値は、「過去に何を経験してきたか」ではなく、「自分の未来に何を期待しているか」で決まるのだ。

WORK

子どもの頃に何に
没頭していましたか？

「あなたのココが素敵ね」と
友だちに言われることは何ですか？

忘我の世界に入れる
あなたの大好きなことは何ですか？

お金を払ってでも
やりたいことは何ですか？

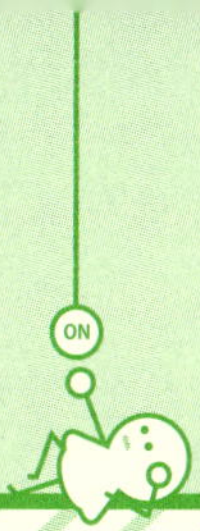

STEP 2

やる気の操縦術

目標を明らかにすると「やるべきこと」が少なくなる

いい行動習慣は、いいスパイラルに自分の身を寄せてくれる。

逆に、悪い行動習慣は、自分をダメなスパイラルに入っていくようにするものだ。

目標がはっきりしていないと、何を頑張ったらいいかなんてわからないはずなのに、目標をはっきりさせずに頑張っている人が多い。

目標が明らかでない人は、勉強が苦手な子どものように、これもわからない、あれもわからないみたいな手当たり次第の勉強をする。

何をやればいいのかがわからない人は、何はやらなくていいのかもわからなくなってしまう。

どんな試験にも、優秀な人にしか解けない問題がある。
これは解かなくても合格はできる。
絶対に解かなければいけないのは、不合格の人ですら解ける問題。
これをケアレスミスしないこと。
もうひとつは、これが解けたら合格するという問題。
それが解ければボーダーの上にいけるし、解けなければボーダーの下にいってしまう。

目標も同じだ。目標を明らかにすると、何ができるようになればいいかが明らかになる。だから、やるべきことが少なくなる。
これをできれば目標が達成できる、これができないと達成できない、というのが明らかになり、それさえ解決すれば目標は達成できる。

頑張っているけれどうまくいかないという人がいる。頑張り方を間違えているのかもしれない。**それは、畑でハマグリを探しているようなものだ。**

ダイエットをする人は、「今日の朝も食べちゃったんです」「昨日の夜は飲んじゃったんです」と後悔だらけで、「今月は何キロ痩《や》せようということは考えていなかった」というケースが多い。

目標を決めないと、何をやればいいかが決まらない。

「2キロ痩せる」という目標を立てると、「今日の朝食べたことに関しては問題ないけれど、昨日飲んだのは問題あるよな」みたいなかたちで、**何をやっていいか、何はやらなくていいかが明らかになる。**

目標によって、それをやるべきかどうかがはっきりする。

例えば営業で、「どうしても切り崩せない取引先があるんです。こういうふうに言ったらああ言ってくるし、ああいうふうに攻めたらこう攻め返されて、なかなか契約が取れないんです」と悩んでいる人がいる。

その切り崩せない取引先に囚《とら》われることで、「自分には能力がないのではないか」と悩むがゆえに、やるべき行動が鈍ってしまう。

結果、目標の売上げの半分もいけない、みたいなことになるケースは少なくない。

それよりも、回らないといけないところをちゃんと回って、あとの足りないところを、なるべく簡単なところで達成することを考えたほうがいい。

そこにアンテナを立てていくと、ボクたちにはフォーカスしたものしか見えないので、意外なる偶然が起きてきて、セレンディピティをキャッチできるようになる。

目標がブレていたり、定かではなかったり、日に日に変わったりしている人は、何をして偶然なるラックと呼ぶことができるかという基準が毎日変わってしまうために、セレンディピティは起きにくい。


目標がブレている人ほど、あれもしないと、これもしないと、とノウハウを集めすぎてしまう。だから精度の低いアンテナがたくさん立ってしまう。

ノウハウばかりを求めていると、鵺《ぬえ》みたいになってしまう。

いろんな人生のテーマを持った人のうまくいっている方法を、てんこ盛りにし、動けなくなってしまうのだ。

WORK

あなたは今、
どんな目標を掲げていますか？

〈例〉 ダイエットをして２キロ痩せる。

それを具現するために
必要なことは何ですか？

〈例〉 運動をする。暴飲暴食をしない。

それを明らかにしたことで、
あなたが手放せることはなんですか？

〈例〉 食事をするたびにヒヤヒヤする恐怖感を手放すことができる。

ときには「目標の再設定」をする

「成功者とは目標を達成する人のことをいう」と思い込んでいる人がいる。

そのために、目標達成に盲進してしまい、周りが見えなくなってしまう人や、目標達成のために頑張っているのに、そんな自分になぜかワクワクできない人が多い。

しかし、広辞苑にはこう書かれていると友だちに教えてもらった。

「**成功とは目的を達成すること**」

「目標」を成し遂げることではなく、「目的」を成し遂げることなのだと。


あなたの「目的」とは何なのだろう。

目的とは、「人生の生きるテーマ」だ。

それによって、目標が同じでも、方法はまったく違ってくる。

例えば、「売上げを上げてお金持ちになりたい」と思うお総菜屋さんと、「添加物の少ない食べ物をみんなに食べてほしい」と思うお総菜屋さんがいたとしよう。

どちらも今月の売上げ（＝目標）を200万円に設定した場合、それぞれのお店の方法はまったく変わってくるものだ。


「こんな人生にしよう」と心に決めると、目標が定まり、やるべきことが整理される。今と「人生の目的（＝生きるテーマ）」を結ぶ線上に目標があると、忘我の境地が待っている。それにふさわしいことが自然と起きるようになる。

逆に、「人生の目的」がはっきりしていない人は、目標がブレてしまったり、没頭できなかったり、やる気を失ったりするものだ。


「人生の目的」を持つことなく、目標を持っている人は多い。

しかし、**「人生の目的」が生まれるから目標が生まれるのであって、目標の延長線**

上に人生の目的があるわけではない。

「人生の目的」を考えてみると、自分の目標に与えている意味の解釈が変わる。

今の自分と人生の目的をつなぐ線上に目標を位置づけると、やる気は復活し、没頭できるのだ。

自分の目標に自信が持てなくなったときには、「自分の人生の目的は何なのだろう」と考えてみるといい。

どういう人生にしたいの？
人生のテーマは何？
どんな感情で生きられたら幸せ？

どんな人生になったら、素晴らしい人生だと認識できるのかを考えることで、「だから何を成し遂げることにより、それを具現したと認識できるか」「だから何を頑張るのか」（＝目標）を再設定しよう。

目的と目標が一直線上に乗ったら、ワクワクは絶えない。

WORK

あなたは、どんな人生にしたいですか？

そのためには、どんな目標を掲げるべきですか？

そのための手段、方法は何ですか？

目標に「追いかけられだす」とダメになる

「ねばならぬ」になったら、仕切り直さないとダメになる。

目標を追いかけているときは楽しい。

でも、目標に追いかけられだすと楽しくなくなる。

目標が〝want to〟から〝have to〟に変わった瞬間に気づかないといけない。

だから「〝have to〟を始めたらダメよ」ということを知っておくといい。

まず、人生はどうしたいんだったっけ？

なんで仕事が必要なんだったんだっけ？

それでその仕事のなかで、なんでこれを目指してるんだったっけ？

……目の前の〝have to〟を〝want to〟に書き換えていこう。

〝have to〟で続けてしまうと、嫌いになってしまう。そうすると、心に乳酸がたまる。頑張る気はあるのに動けなくなってしまうのだ。

腕立てもそうだし、懸垂もそうだ。

乳酸がたまると、腕立てをやる気がないわけじゃない、懸垂をやる気がないわけじゃない、「もう一回」と思っているのに、もう動かなくなってしまう。

やる気がないわけじゃないのに、〝have to〟を続けると心に乳酸がたまってしまう。

「ついついできないんです」

「ついつい違うことばっかりやっちゃうんです」

これも、〝have to〟をやっちゃっているということ。今が悪いんじゃなくて、その今に至るまでの過去の間に乳酸をためちゃっただけなのだ。

それを性格のせいにしたら、性格がかわいそう。

性格のせいじゃない。

自分が〝have to〟になっているのに気づいていないということだ。

WORK

あなたの目の前の“have to”に
なっていることを書き上げてみよう。

それを“want to”に書き換えるには、
どうしたらいいですか？

なぜそのジャンルを選んでいるのですか？

なぜその目標を達成したいのですか？

その目標を達成することで何が手に入りますか？

「アドレナリン頼み」の頑張りは続かない

アドレナリンで仕事をしている人と、β《ベータ》‐エンドロフィンで仕事をしている人がいる。

「根性だ！　やる気だ！　決断だ！」と、アドレナリンで仕事をしている人は、なかなかやり続けていくことが難しい。

β‐エンドロフィンで仕事をしている人は、そのことに携わっていることが楽しく、仕事自体が喜びとなっていくから続いていく。

20代の前半、ボクはアドレナリンで仕事を頑張っていた。

「やると決めたんだからやる！」「ここを乗り越えないと！」と、ゼーハー、ゼーハー仕事をしていた。

そんなある日、突然やる気がなくなった。

もうイヤになってしまって続けられない、みたいな状態になってしまった。

ボクはどうしようもなくなり、5時間電車を乗り継いで、陸上競技を教えていただいていた恩師に会いに行った。

「なぜかやる気になれないんです」

「お前、周りから褒《ほ》められてないか」

ボクはドキッとした。

「すごいと思われたいというお前の器は満たされたんだ。すごい奴になるための器に変えないとダメだなぁ」

とっても恥ずかしかった。

「お前にとっての陸上競技は何だったんだ？　走るとは何だったんだ？」

禅問答のような質問が始まった。

答えられないボクに、

「走るとは芸術だろ？　美学の追究だろ？　お前にとってその仕事が『仕事』だったら終わりがある。お前にとってその仕事が『芸術』ならば、やり続けることができる。**その仕事の美学を追究しなさい**」

そのとき、自分の仕事における芸術性って何なのだろうという旅が始まった。先生のひと言で糸口を見つけた。

仕事はただのお金を手に入れる手段というだけではなくなった。

「今日、いい結果」というだけではなく、確実に未来につながるようにこだわった。

ただ目標を達成するだけではなく、その達成の質や完成度にこだわり始めた。

陸上部でない人から見ると「よくやるなぁ、あいつら」って、思うだろう。

けれど、ジョギングひとつも、深いのだ。

遅い人たちは、ジョギングのときに、集中していない。

速い人たちは、ジョギングのときに、より深い世界に入っている。

「あっ、今のきれいに抜けた。今のちょっと繰り返してみよう」とか、「あっ、この感じ。この感じね。はい、この感じ」と足の裏を感じ、自分の重心を感じ、体と会話しながらやっている。

ウォーミングアップは、体温を上げるためだけのものではない。

より単純なこと、より簡単なこと、より当たり前のことのなかに深い世界がある。

そこに哲学であったり美学であったりを見出《みいだ》していくことが、仕事をより楽しく、あなたをやる気にさせていくものなのだ。

WORK

あなたがやる気にまかせて
やっていることは何ですか？

それに「より深みを与える考え」があるとすれば、
どのように考えたらいいですか？

次に活《い》かしていくための「課題」を探す

セミナーをやるとき、「よし、今から喋《しゃべ》るぞ」みたいに、昔は身構えてやっていた。そうやってやり続けている間に、「失敗しないか」と怖くなってくる。

ボクは三重県で生まれ育ち、陸上競技をやっていた。

走るのが楽しかった。試合が楽しかった。

それが、高校時代に県大会で優勝してから、走るのが怖くなりだした。

今やめれば、三重県で一番のままなのに。次に出て2位になったり、3位になったりしたらどうするんだ、イヤだなぁ、みたいな。

「出るからには勝たないといけない」

どんどん怖くなってつぶされそうな思い。自分が自分をつぶしていく。

ボクはお世話になっていた違う学校の先生に、「走るのが怖い」ということをバレるのがイヤで、その先生が教えていた陸上部のキャプテンを呼び出して、聞いてみた。

「お前、走る前に、先生になんて教えられてるんだ？　走る前にどういうふうに考えろとか、こういうお祈りをしろとか、あるんじゃないの？」

「ああ、ありますよ」

「それを教えてくれない？」

「勝てますようにとはお祈りするな。今から走りますので、神様助けていただかなくていいです。**このレースが終わったときに、次のレースまでの課題を一個だけ教えてください**ということをお願いして走れ」

それを聞いて、「救われた……」と思った。

それからは怖くなくなった。

怖くなりかけるんだけど、「今から走るこのレースは、勝つことよりも、自分の今までやってきたことの積み重ねのピークパフォーマンスをちゃんと発揮する場だが、ピークパフォーマンスをさらに高めるための課題を教えてもらう場でもある」という捉《とら》え方をするようになったら、怖くなくなった。

ダメだったとしても、「わかった！」「これか！」みたいなことを次の大会までに練習して克服する。それを克服し、さらに磨きのかかった自分で挑戦する。

そうすると、また次の課題が来るというように変わっていった。

やる気がなくなる人というのは、心を込めすぎてバーンアウトするケースがある。

焼き切れ現象。心が焼き切れていくと、これまたダメになる。

だからボクは、なるべく自分のやる気を劣化させないようにしている。

セミナーも意気込んでいくと、いきなりサビから歌っちゃうようなものだ。

サビじゃないところをサビのように歌っていたら、サビはどうするわけ、みたいなことになって、たいてい失敗してしまう。

だからボクは、のらりくらりと話し出す。やっている間に自分が乗ってくると会場も乗ってくる。後半がちゃんと盛り上がって終われば「いいセミナーだったね」ということになるので、「盛り上げなくていいんだ」ぐらいの気持ちで臨む。

そして、次に活かしていくための課題探しをしている。積極的な受け身だ。課題は、改良点かもしれないし、抜本的な改革かもしれない。

何かきっかけになるものが必ずあるので、それを積極的に教えてもらいにいくみたいなかたちで臨むことにしている。

仕事でも、「今日は決めるぞ」みたいな感じでいくと、初めは続くけれど、何度も何度もやっている間に苦しくなってきて、「逃げ出したーい」みたいになってくる。

そんなときは、例えば営業だったら、「今日は顔を出しに行くけど、うまくいかなくていいよ。でも行かなかったよりはいいだろう、ぐらいの一日でいいよ」って、騙《だま》し、騙し、自分をそこへ連れていくと、喋っている間に乗ってくる。

そうすると、いい仕事になっちゃったりして、みたいなことがある。

もし、そうならなくても、「『行かなかったより良かったよね』という程度でいいよね」というように、自分を騙す。そういうふうにいつもやってみるといい。

「今日は打ち合わせを入れなきゃ良かったなぁ」「やりたくないなぁ」みたいなときも、「ご飯を食べた後は眠くなってるし……、でも行くかぁ。まあ、やらなかったより良かったよなという結果でいいや」と思って打ち合わせをやると案外いい。

ところが、「今日は見ておれ！」みたいな感じでやると、案外空振り。

パーティも「気が乗らないなぁ」というパーティがある。

「体調悪いしなぁ」というときに、「ダメ、絶対行かないとダメ」っていうふうに行くと、そのときは行けるかもしれないけど、「次、次……」って行けなくなる。

だから、「とにかく顔だけ出して……」って、自分を騙して連れていくといい出会いがあったりする。

気合いを常に入れていくと、続けられない。バーンアウトしてしまう。

WORK

あなたが無理矢理
「自分にやらしていること」は何ですか？

それを気楽に続けていくには
どんな気持ちになったらいいですか？

「7割で力を発揮する」とうまくいく

かつてボクは、韓国で大成功している友だちにこう教えてもらった。

「タクはいつも100%力を出し切ろうとしているけれど、7割にしてごらん。もっとうまくいくよ」

ボクはそれ以来、7割の力で仕事をするように意識した。

スピーチをするときも、人と会うときも、なるべく7割でやる。「全力を出さないように、出さないように」って、気をつけるようにした。

始めた当初は、7割でやるということが、さぼっているように感じてしまう。

でも、**7割でやっているときは、状況がアンダーコントロールにあるということだ。**

10割出しているときは、精一杯やっているからアンダーコントロールじゃない。ゴルフでいうと、力いっぱい打っているようなもの。

「ハーフスイングぐらいで」みたいなときは、状況をコントロールできる。それを現実社会で活かしていくようにしている。

腹八分目という言葉がある。

ご飯を食べるときの腹八分目ってどれぐらいかというと、これ以上食べたらお腹がいっぱいになる手前ではなく、「食べ始めてから今まで食べた量をもう一回食べれる」というのが腹八分目。そういう意味でいうと、仕事も、「今日一日やった仕事量が今からできるぐらい」が、腹八分目の仕事なのかもしれない。

たくさん予定が入っていても、一個、一個を丁寧に進める。ガツガツとやっているときは、ノット・アンダーコントロールなので、うまくいかないときが多い。

すごく頑張りすぎてうまくいっていない人は、「一生懸命頑張る」ではなく、「結果を出すために、頭を整理し、よく考えて計画を立て、一つひとつは腹八分目で仕事をしていく」というやり方に変えるといい。

成功するノウハウと成功し続けていくノウハウは違う。


これは、トーナメント戦とリーグ戦の違いに似ている。

この試合に勝つためにアウトだとわかっていてもヘッドスライディングするみたいなトーナメント戦型のノウハウは、リーグ戦では必要じゃない。

無理はしてもいいが、無茶をしてはいけない。

そのことを1年続けられるのであれば、そのことは「無理」であり、続けられないのであれば、そのことは「無茶」である。どこかでトーナメント戦の勝ち方からリーグ戦の勝ち方へシフトしていかなければダメなのだ。

「なんか最近、燃えられないんですよね」は、トーナメント戦のモードだからである。

トーナメント戦は負けるわけにはいかないけど、リーグ戦は勝率だ。

ときには美しい負け方も必要なのだ。

WORK

「腹八分目でやってみよう」

と思ったことは何ですか？

「できないこと」も才能になる

「絶対こうする」みたいな絶大なるコミットメントがなかったら、目標はクリアできない。

逆に、絶大なるコミットメントがあることにより、目標はクリアできる。

それと同じように、「夢（＝我欲）」だけでは目標がクリアできないときに、我欲に「公（＝誰かのために）」を足してあげることで、目標がクリアできたりする。

「夢（我欲）＋公（誰かのために）＝志」

自分の夢に「誰かのために」を足すことにより、やる気は「志」へと変わり、協力者を得たり、大きな力を得たりしていくものである。

あなたがその夢を叶《かな》えることによって、誰が喜ぶのか。

あなたがその夢を叶えようとするときに、誰かもそれと同じようなものを達成したいと思っている人はいないのか。

人は得意と不得意があり、パズルでいうとデコボコの状態になっている。

自分の苦手は、ボコの状態であり、人の得意、デコとつながる。

だから、**「自分ができない」ってことは、人の「できる」を活かす「才能」となるのだ。**

ジェームス・スキナーさんと話したとき、こんな話を教えてもらった。

「資産」と「負債」は、非常によく似ている。あるものを手に入れたとき、例えば家を手に入れたときに自分のために使ったならば、これは負債である。でも、それを人のために使ってリースしたり、レンタルしたりすると資産に変わる。

車を買って自分のために使うと負債である。レンタカーとか、タクシーとか、車を人のために使うと、資産に変わる。

要は**目の前のものをより道徳的に、誰かのために使っていくと「資産」に変わり、**

for me, me, me, me……と向かっていくと「負債」に変わっていくということ。「あなた」という資質もそう。自分のために使うと「負債」になるけど、人のために使うと「資産」になるのだ。

逆に、負の資産というものもあるのではないか。

例えば、「ボクには時間がない」。これは負の資産だ。それを自分のために使っていくと、「ボクには時間がなくてできない」という負債になる。

でも時間がないことを人のために使ったら、「だったら、あの子は時間があるから手伝ってもらえないか」と、人を活かすものへと変わっていく。

「自分は車の運転が苦手だ」というときに、「苦手だ、苦手だ」と自分を責めるのではなく、「あの子に車の運転をしてもらおう」と自分の不得意により人を活かすことができるのだ。

そうすることで、運転席の隣でパソコンを開き、電話をしたり、自分の得意なことをすることができたりもするのである。

WORK

あなたの「得意なこと」「不得意なこと」
を書き出してみよう。

そのことが「得意な人」「不得意な人」
を探してみよう。

失敗には学ぶべき「宝」がいっぱいある

学ぶことは素晴らしいことだが、学べば学んだぶんだけ既成概念の量は増えていく。

つまり、スコトーマ（盲点）になっていく部分が増えるということだ。

「もうこれはこうなんだから」となり、そのことに関する思考は止まる。

それはいいことでもあり、同時に、悪いことでもある。


親戚《しんせき》のおじさんに億万長者の人がいて、「チャンスって何なんですか？」と質問したことがある。

おじさんは、「人の失敗した跡を見てみるといいな」と教えてくれた。

世の中の人はうまくいったか、うまくいかなかったかだけに着眼する。で、うまくいかなかった人を笑ったりする。

しかし、チャレンジした人は、そこに何かがあると気づき、行動に移したのだ。そして、結果としてうまくいかなかっただけ。

そこには何か行動に結びつくような、モチベーションの高くなるようなものがあるに決まっている。

だから、**その成功しなかった人、失敗した人の跡をたどっていくと、実は宝がいっぱいある**、ということだ。

これは他者ではなく自分についても言えることである。

「自分はあのときに、なぜあの失敗をおかしたのか」を考える前に、「なぜその行動を起こしたのか、何がそこにあったのか」、自分の心から湧《わ》き上がるような感情のネタになっていたものを、失敗にひもづけて消している可能性はないか吟味する必要がある。

そこにチャンスが存在する可能性がある。

自分を沸き立たせる、自分を興奮させるようなものが眠っている。そう考えると、宝だらけだ。

為末大さんに面白いことを教えてもらった。

陸上の世界では、新しいスターが出ると、その人の練習法が正しいとされて、「これさえやれば強くなる」みたいな流行りが定期的に起きる。

そのとき、「Aだ」という理論が流行ったならば、まったく逆の「Bだ」という理論を為末さんは研究するそうだ。

例えば、「練習は質だ。たくさんやる必要はない。質の高い練習をすることによって強くなる」という理論が流行《はや》れば、「いや、量だ」を探す。

すると、中庸が見つかるのだという。

みんな「今はこれだ。いや、こっちだ」って、その時代その時代に定説とされる流行りのものに吸い寄せられながらジグザグに進んでいる。

だから「Aだ」ってなったら、そのオポジット・サイドにある「Bだ」というものを参考にすることで、実はその真んなかを歩き続けることができるのかもしれない。

あなたの心のなかで、すでに確固たるものとして把握しているものは何なのか。

確固たるものを疑ってみよう。

あなたが確固たるものだと思っているものの逆説を、一度、心のなかで信頼してみよう。

すると、Aでもない、Bでもない、Cという道が浮き上がってくるのだ。

WORK

あなたが確固たるものだと思っているものを書き上げてみよう。

〈例〉 失敗は恥ずかしい。
安いものが売れる。

確固たるものの反対の意味を考えてみよう。

〈例〉 失敗した人が行動に移す、そこには何かがあるはずだ。
価値あるものが売れる。

そこから新しい考えを
導き出してみよう。

〈例〉 失敗した人の跡にはチャンスがたくさんある。
値段でもなく、クオリティでもなく、人が魅了されるものがあるはずだ。

STEP 3

やる気の発火術

忙しいときこそ、やりたいことは「全部やる」と決める

チャンスは、運気の高いときにしか来ない。

そして、運気が高くて暇な人なんていない。

だから、**チャンスが来るのは、忙しいときだといえる。**


なのに、今忙しいことを理由に、みんなチャンスを逃している。

人格に影響を与えるような出会いだって、本当にチャレンジしているときしかない。

みんな、面白い人生にしようと思って、そういう出会いを待っているけど、そんなものは、やってくるわけがない。

人格に影響を与えるような出来事や人との出会いを起こしたかったら、忙しいとき

こそ、ああなりたい、こうなりたいと思って目指すことだ。

そのときにしかスペシャルな出会いもないし、語れる出来事も生まれてこない。

「これをやったらいいのに」とみんなわかっているのにできていないことは多い。

それを行動に移すことで成功する人がたくさん出ている。


成功なんて、本当はすごく近いところにあるんだ。


素敵な人生にしようと思ったら、まず「やりたいことは全部やる」と決めたらいい。

やりたいことは全部やる。

もしくは、やりたいことは全部やろうとする。

成し遂げなくてもいいんだ。向かうことが大切だから。

そうすると風景が変わる。

それでこそ、ドラマチックで、自分にインスピレーションを与えてくれる場ができあがる。

WORK

あなたが人生でやりたいことを
書き出してみよう。

「できなかった」過去は思い出さない

人はできない理由だって喋《しゃべ》れるし、できる理由だって喋れる。

やりたくない理由だって喋れるし、実はやりたい理由だって喋れる。

両方とも共存していて、**多くの人は「行動しない」という結果につながる意味づけのほうを選択してしまう。**

だから結果として行動しない。

行動しないって決めて、その理由を探している。

本当にやりたいことがあるのであれば、「そのことをやったことで、その先に何を手に入れるのか」と、**やった向こう側にある未来の記憶を作り上げる**ことで、「ああ、だったらやったほうがいいな」と思うようにするといい。

また、本当にやりたいことが見つからないときには、少しでも心が反応したことに飛び込んでみる癖づけが大事だ。

会議でも「これをやろう!!」となると、必ず反対者が出てくる。

やったほうがいいという人の話も、やらないほうがいいという人の話も、どちらもまともな意見。

要は、変化しようとしているか、していないかだけなんだ、本当は。

だから、激変のときに、多数決は向いてない。

時代が激変していくときというのは、多数決はいつも時代に対して後追いしている。

多数が先乗りするほうに寄ることはないからだ。

激変のときには、「センスのいい」独裁者がいる組織のほうがやっぱり強い。

個人の人生も同じだ。

人生が激変している人にとっては、過去を参考に考えたら、常に後追いになる。

激変のときには、センスのいい独裁。

センスよく、多数決では考えない発想法で見ていかないと見えてこない。

となると、過去からの記憶で判断するよりも、未来に対する記憶から判断していくっていうのが「センスがいい」ということになる。

WORK

今、あなたが
やろうと思っていることは何ですか？

「やったほうがいい理由」
「やらないほうがいい理由」を書き出してみよう。

先送りをやめる秘訣《ひけつ》は「ちょいとかみ」

平本あきおさんに面白いことを教えていただいた。
何かを始めるときには、**最後までやり遂げると決めない**こと。
わざわざ時間をとってやらない。空いた時間にちょろっとやること。
そして、**すべての条件が揃《そろ》うのを待たない**こと。
本気になるのを待たないこと。
要は「ちょいとかみ」。始めてみてイヤになったらやめなさい、と。
最後までやり遂げる必要はない。また時間があったら、ちょっとやってみる。
そうやって続けている間に、それをやりたくなるときが来る。

そうしたら、「時間をつくりなさい」と言われなくてもつくりたくなる。「やり遂げるな」と言われても、やり遂げたくなる。条件が揃っていなくても揃ってくる。

でも殆《ほとん》どの人は、「時間をわざわざとらないとできない」「やりかけたら最後までやり遂げないといけない」と思っているからやり始めない。

「**物事を始める最良の方法は、始めることである**」といった人がいる。

執筆もよく似ていて、「書かないとなぁ、書かないとなぁ……」と思っている間に期限が迫ってきて、「ヤバいよなぁ。書かないとなぁ、書かないとなぁ……」となることがある。

そのときに5分しかなくても書き始めると、5分ぐらい経《た》ったときに楽しくなってくる。「あれも書きたい。これも書きたい。時間がない……」と、もう書きたくなってくる。

なぜそうなるまで書かないのかというと、「まとまった時間がないと書けないし……」「今書く気がしないし……」「今書いても最後まで書き尽くせないと思うし……」とやっているから始められないし、始まらない。

メールがたまっているときも、「やらないとなぁ」と思ってもパソコンを開けられないことがある。でも、そういう心の世界を知っているから、「3通だけ書いて、3通だけ返信して、乗らなかったらまた閉じたらいいし」と自分を騙《だま》して、3通書いてみる。するとハマって、その世界が始まってしまう。

それと一緒で、眠くて起きれないときも、それは眠いんじゃなくて、寝ているときに広がっている世界にもうちょっといたいということ。

この夢の続きを見たかったり、この流れを続けたいんだ。

だから、「眠いー」と思ったときは、「眠いんじゃなくて、もうちょっとこの世界にいたいんだよね」と、まず気づいてあげることが大切だと思う。

「起きて眠かったら、また昼寝すればいいんだし」と思うと、頭のチャンネルを切り替えられる。結局、一度起きちゃうと昼寝しなかったりする。

だって始まったら、その世界にのめり込んでしまうものだから。

WORK

やるべきことなのに
先送りしていることは何ですか？

※ すべての条件が揃うのを待たない。
本気になるのを待たない。
最後までやり遂げると決めない。
わざわざ時間をとってやらない。空いた時間にちょろっと始めてみよう！

「ある」ものを考えれば突破口が見つかる

「思い立ったが吉日」みたいな言葉もあれば、「ちゃんと機が熟すのを待ってやったほうがいいよ」という説もある。

でも、**物事を始めるときに、条件が揃ってからとか、やる気になったらって思ったら、やっぱり始められない。**

人は、とても臆病《おくびょう》になるし、事なかれ主義になりやすい。

ボクはどんどん始めればいいと思う。ダメだったらダメで、本当はダメじゃない。

それがあるから次のカードが引いてこられる。

それが伏線となって次のカードが輝きだすということがある。

ある企業の方が「自社製品を食ってしまうような製品が出せなかったら他社には勝てない」と言っていた。

自分から何かを打ち出して、自分の魅力を食ってしまうようなものを出さないかぎり、秀でた状態にはいられないのだという。

要は自分をも食ってしまえっていうことなんだと思う。

そうすると、選択肢がちょっと変わってくる。

もう一個やってみようかって思えたりするようになるものだ。

船井幸雄さんは「会社組織のなかにできない部下はいない。上司がその人の資質を見抜いて仕事をつくれないことに問題がある」と言っている。

「部下の資質を見出《みいだ》して仕事をつくるのが上司の仕事だ」というのを個人にあてはめると、「**自分の資質はいったい何であって、それを活《い》かす仕事は何なんだ**」ということを生み出している人は、自己管理ができる人だといえる。

自己管理ができるようになってはじめて人は自由になれる。

誰かの管理から逃れることが自由なのではない。

自分が自分のことを管理できるから、人が管理しなくなる。

自分が自分のオーナーになるということだ。

となると、「時間はあるけど何をやりたいかがわからない」とか、「やりたいことはあるんだけど時間とか体力がないんだ」ではなくて、「時間はあるけど何をやるべきなのか」「やりたいことがあるという資質をどう活かすことができるか」を生み出していく力が自己管理だ。

自分のなかに「ある」ものを探すと、「ない」ものはないのだ。

WORK

あなたには何があって、
何がないのかを書き出してみよう。

その「ある」を活かすには何をすればいいのか？
「ない」を埋めるには誰（何）と組めばいいのか？

「ノウハウ」よりも「ノウフー」を大切にする

仕事というのは、知り合いで回していることが多い。

「どうやってライターさんを選んでるの？」って聞くと、「仲良くしている飲み友だちに紹介してもらって、文章を見てみたらよかったし」みたいなことが多い。

みんな、「精神的ご近所さん」と仕事をやっている。

「ライターになりたいんです」っていう人は、素晴らしい文章が書けることも大切だが、その輪に入るということがとても大切だということに気づいてもらいたい。

「成功する人間は一部の人たちだよ」という人もいる。

チャレンジしている人たちに比べて、うまくいく人たちは、実際、一部の人たちではあるが、その一部の人間同士はお互いに知り合いだったりするのである。

「成功する鳥は群れをなして飛ぶ」というが、「成功する鳥の群れ」に入ることが大事で、どのようにやる（＝ノウハウ）よりも、誰と知り合いなのか（＝ノウフー）が大切だったりするのだ。


また、才能のある人たちの群れに入ることが大切だと思う。

才能のある人たちのなかに入っていけば自《おの》ずと磨かれる。

素晴らしい人たちのなかに入ると、セルフイメージが知らない間に引き上げられていき、気づいたら昔の自分がちっぽけに見えている。「うわっ、めっちゃ成長してる」みたいなことを誰もが経験したことがあるのではないか。

才能ある人たちの群れのなかに入ると、自分の才能の扉が開いて、能力が発揮できるのだ。


素敵な人たちの群れのなかに入るには、心のなかの壁を乗り越えないと入っていけないものである。

初心者は「**謙虚さ**」が邪魔をして入れない。

今自分が乗っているときは、「**驕《おご》り**」が邪魔をして行かない自分がいる。

さらに長く携わっていると、「**怠惰な自分**」が邪魔をして群れのなかに入れないものである。

群れのなかに加わってセルフイメージが変わった自分は、昔の自分とは違う。

だから、今頭のなかで彷徨《さまよ》っている思考に騙されず、群れに加わった後の未来記憶から情報を入手することが大切なのだ。

WORK

あなたが「こうなれたらいいな」と思う、
憧れる人を１０人、書き上げてみよう。

1

2

3

4

5

6

7

8

9

10

夢が叶《かな》ったがごとく「フリをしてみる」

もう叶ったがごとく生きていくと、大いなる勘違いが成立する。

"Fake it until you make it !"

（成し遂げるまで、あたかもそのことが叶ったがごとく生きていきなさい）

夢が叶った私だったらどうやって立ち振る舞うのか。

どんな視線で人を見るのか。

どんな呼吸の仕方をするのか。

どんな留守電の残し方をするのか。

どんな場所で計画を立てるのか。

など、あたかも達成した自分で生きていく。

達成した自分で生きていくと、自分でも、「これって、フリしてたんだっけ？　まだなっていなかったんだっけ？」と見境がつかなくなる。
すると、セルフイメージが書き換わり、スコトーマ（盲点）の位置が変わるので、大いなる勘違いが成立する。
「自分にとってもう当たり前なんです」というぐらいの生き様を生きていると、勘違いが始まる。

頑張って何かを行うと、そのことが「遠いですよ。難しいですよ」ということを深層意識に教え込み、実現するのが遠くなってしまう。

あたかも当たり前のように考え、当たり前のように振る舞い、やっていくと、大きな勘違いが成立し、夢はすんなりと実現していくのだ。

WORK

あなたは何を叶えようとしていますか？

〈例〉○○大学に受かること。

それが叶ったとき、
あなたは、どんな自分で生きていますか？

〈例〉 週に３回、カッコいいバーでアルバイトし、面白い仲間に囲まれて、常に大笑いしている自分。

「○○する準備はできている」と言い換える

佐藤伝さんに面白いことを教えていただいた。

「夢は過去完了形で言ったらいい」という方法があるけれど、日本人はなかなかそういうふうに思えない。

「私、彼氏ができちゃいました」と過去完了形で言いながら、「そんな私のことを好きになる男なんていないしね……」というのが反射的に出てきて、それが潜在意識に染みこみ、セルフイメージを落としている人たちが多いらしいのだ。

だから、過去完了形で考えられない人は、「**○○する準備ができている**」と言い換えてみるといい。

「フリーになりたいけど、フリーになる勇気がなかなか……」

↓

「フリーになる準備はできています」

そうすると、ｉｎｇで「そうなろうとしている自分」を認識できるので、セルフイメージが変わってくるのだそう。

「受験勉強、頑張ってる？」と言われたときには、

「合格する準備はできています」

と言い換えれば、自然と勉強したくなってくるものだ。

「ちゃんと子育てできてるの？」

↓

「いい母になる準備はできている」

「独身もいいけれど、そろそろ結婚しないと……」

↓

「結婚する準備はできている」

「相手を見つける準備はできている」

この「◯◯する準備はできている」は、深層意識のセルフイメージが動き始めるパスワードになってくれるのだ。

WORK

あなたが望んでいることを書き出してみよう。

〈例〉 綺麗になりたい。
収入を増やしたい。
体調が良くなりたい。

**「○○する準備はできている」
と書き換えてみよう。**

〈例〉 綺麗になる準備はできている。
収入が増える準備はできている。
体調が良くなる準備はできている。

他者を褒《ほ》めると「自分に返ってくる」

ボクのセミナーは、問いを投げかけ、お互いに語り合っていただく場をつくることが多々ある。

「制限がないならばどんな人生がいいですか?」と聞くと、みなさん照れくさそうに話し始めていくが、あれを話し終えるとこれ、これを話し終えるとそれと、自分でも意図しなかった、アイデアやビジョンがあふれ出すのだ。

「ヒーリングはピーリングだ」と言った方がいる。

一番表面にある感情を喋り終えると、表面の感情が剝《は》げ落ち、なかからまだ対峙《たいじ》したことのない新しい感情が出てくる。それを喋り終えると、また下から新しい感情が出てき……、**話すことで、自分も出合ったことのない新しい感情に出合う**経験をしていただくのが狙《ねら》いなのだ。

また、話し合っていただいた後に、お互いを褒め称《たた》えていただくようにもしている。本来、自分を褒め称えることができる人は、常に自分を高みへ高みへと運んでいくことができるが、謙虚さを美徳とする文化を持つ日本人にとって、自画自賛は恥ずかしいことだと思われがちだ。

逆に他者を褒めることができる人は素晴らしい人だと評価される。

しかしながら、**ボクたちの大脳は、主語認識をすることができない**という性質がある。

だから、他者を褒めることで、知らず知らず「自分はそうなんだ」と誤認識し、自分のセルフイメージを高めることができるのだ。

「いつも清潔感がありますよね」とか、「いつも爽《さわ》やかですよね」と、人のことを褒めることができると、「私は清潔感がある」「私は爽やかである」と認識することができる。

逆に悪口にも同じ効果があり、「あの人って醜い」は、「私は醜い」となってしまうのだ。

これはやる気にも同じことが言える。

誰かに対して、「いつもすごく楽しそうですよね」「いつもテンション高いですよね」って言うと、脳は、自分はそうであるというように捉《とら》えるので、そうあろうとしていくのだ。

WORK

あなたの周りにいる
「素敵な人」を書き出してみよう。

その人の「何が素晴らしいのか」
を書き出してみよう。

「自動詞で話す」とやる気は伝染する

脳は名詞よりも動詞のほうが受け入れやすく、行動に移すことが容易になる。

名詞は概念なので、「旅行」と言われると、「旅に出ること」と頭のなかで一度、翻訳する癖がある。

主に大脳皮質を使っているのであろうか？　行動に結びつきにくい感がある。

動詞だと脳は受け入れやすい。

しかも、他動詞よりも自動詞のほうが入りやすい。

他動詞で「京都行ったら？」と言われたら、「京都ねえ、まあ行けたらいいですけどね」となる。

でも、自動詞で、「あ、京都行こう」と言われると、体がすでに「行くこと」を心のなかで体験してしまう。

なぜかというと、脳は主語認識ができないから。

自動詞で言われたときには、それが他人の心のなかに浮かんだ感情なのに、自分の心のなかで浮かんだ感情として認識してしまう。


部下をやる気にさせようとしている人は、他動詞で喋っている人が多い。

しかも小難しくなってくると名詞が多くなる。

「君は目標達成を決断しなさい！」と他動詞。

「大切なのは決断だ！」と、名詞でまくし立てる。

「俺、もう決断した。頑張るわ」と自動詞。

やる気のある人の言葉に誰もが同調し、一丸となっていく。

自分が動かずして下を動かそうとしている人は、他動詞で喋るから、やる気が伝染しにくい。

自分がやる気の人は、自動詞で喋っているから、自ずとやる気が伝染する。

「遅刻厳禁」と貼られているのが名詞。

「はい皆さん、早く急がないと遅刻しますよ、急いでくださいね」って先生が言っているのは他動詞。

駅から学校までみんな歩いているときに、「ヤバい‼」って、一人が走り出した瞬間に、「マジ？ マジ？ まずい⁉」みたいに伝染する。これがよきリーダー。

「私はこうしよう」と思っている人の話は、聞いていても爽快《そうかい》だし、プレッシャーがなく、気がつくと自分のものとなっている。

WORK

部下に、家族に、パートナーに、どうなってほしいのか？

〈例〉 遅刻しないでほしい。
無駄遣いしないでほしい。

そのためには自動詞でどう語ったらいいのか？

〈例〉 明日から早起きしようと思っている。
貯金を始めたんだよね。

頭を切り替えるために「健康を祈る」

自分が何かを始めようとすると、「そんなの君らしくないよ」「そこまでやる必要ないんじゃない?」「きっとうまくいかないよ」と、やる気をそぐような声が周りからあがることがある。

その言葉が気になり、止まってしまう人も多い。

これは集団意識のホメオスタシスと考えることができる。

集団意識も「昨日と同じ状態であろう」と常にしているのだ。

そこから抜け出そうとするあなたに対し、表面的には「そんなことをやるのに意味があるの?」と言っているが、心の奥底では、「今までと同じ状態でいようよ」と思っていたりするのである。

ある意味、学校や会社では、本当の自分を誤判断したままでいるケースが多々ある。

なので、長期にわたる入院中に「自我」に気づき、退院後、会社を辞めてしまう人がいたりする。

だから、定期的に自分自身を客観視し、また、自分とまっすぐ対面し、「本当はどんな人生を歩きたいのか」を確認することが大切なのである。

逆に、今の環境を、「自分が成長していく場」と定義したら、定義したように体験することができる。

「修行」という四コマ漫画がある。

うろ覚えであるがこういう内容であった。

（1）**人にバッシングされたときに、めげる。**

（2）**もっと修行を積んだ人は、バッシングに対し、言い返す。**

（3）**さらに修行を積んだ人は、バッシングされたときに、耐えることができる。**

（4）**究極に修行を積んだ人は、バッシングした人の健康を、祈ることができる。**

ウインカーを上げずに車線変更してきた車の運転手に、イラッ。
ハッと気づき、その人の健康を祈る。
あなたの陰口を言っている人の存在に気づき、イラッ。
ハッと気づき、その人の健康を祈る。

生きるとは修行なのである。

WORK

あなたは誰の健康を
祈ったほうがいいのだろう？

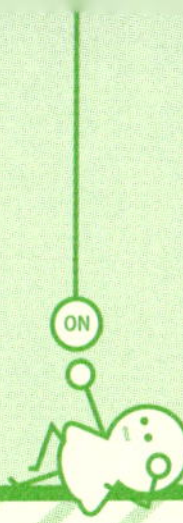

STEP 4

やる気の修理術

感情に「左右される」人はいい結果を出せない

「頑張っているのに、思ったほどの結果が出ない」

人生とはそのジレンマといかにお付き合いするかである。

1年前と変わんないじゃないかと思ったり、数年前より悪くなっているんじゃないかと思って、ガッカリする。ややもすると、ついつい自分で破壊したくなる。

こんなとき、いかに「心を仕切り直す」ことができるかが問われる。

人生では、「仕切り直す」ことの上手な人が、遠くまで変化することができるのだ。

厄介なのは「怒り」である。

そんなときに、ボクがチャレンジしていることがある。

ムカッときた気持ちに支配されないように、「**この感情って何日続くかな**」って思うようにしている。

「明日までは続かないね」って思うと、怒りに水をさすことができる。

「この感情って2年後思い出せるかな。きっと思い出せないな。ということは、大したことじゃない」と思うようにしている。

自分の心のなかにある泉の水面《みなも》が、歪《ゆが》んだり、揺れると、乱れた感情に心を支配されてしまう。

そこがピッと美しい鏡面のような、心が波風立たない状況にいたら、現実を優しく穏やかな気持ちで感じることができる。

カチンと火がついた瞬間、心のなかで「イライラ」が全開になる。

イライラに支配されると、目の前の常識的に車線変更した車にすら腹が立つ。

「**イライラは次のイライラをつれてくる**」

目の前でイライラの連鎖が起きるのだ。

でも、「この気持ちってどれぐらい続けられるのかな」と考えることで、「イライラ」と距離をおくことができる。

めげている人は、「この感情ってどれぐらい続けられるかな」と考えてみたらいい。

また、「この感情でい続けることを自分が好んでいるのか」を考えてみたらいい。

「イライラ」「ガッカリ」を深層意識は楽しんだりすることがある。

感情に左右されるのではなく、感情から距離をおき、感情を左右できる人になることが望ましい。

別れた彼氏のことを悔い悩む人がいる。

もしかしてこの感情を潜在意識が楽しんでいるとしたらどうであろうか。

彼に「もう一回付き合ってくれ」と言われたらどうなのであろうか。

「うれしい」と思う人は、本当に悩んでいるということ。

「それはイヤ」と思う人は、「彼氏と別れて悲しい」という感情を楽しんでいるだけと考えることもできる。

起きた出来事に感情を左右されるならば、人生の主導権は、自分の外にあるということである。

どんな感情で現実をみたいかということをあなたが考えるのであれば、人生の主導権は、あなたのなかにあるということである。

しかしながら、敏感なボクたちの感情は、反射的に外のことに対して反応してしまう。

まずボクたちにとって大切なことは、外のことに対して反射的に自分が反応してしまっていることに気づき、「好ましくない感情」と自分の間に距離を持つことなのだ。

ある有名な僧がこんなことを言っていた。

「悟りとは、ずれた自分を元に戻す力である」

これを知ったとき、安心した。

この有名な僧もずれるんだ。

「ずれた自分を元に戻す力が悟り」と語れる人は、ずれたことのある人である。有名な僧も「この子、可愛《かわい》い……あ、あかん」とか「めっちゃ腹立つ……あ、あかん」とずれながら、自分を元に戻し、悟りの状態に自分を置くのだろうか。

「いかにずれたことに気づき、自分を元に戻すか」ということが大切なのだ。

WORK

最近あった「自分にとっての良くない感情は何だったのか」を考えてみよう。

〈例〉部下の行いに対して腹立たしく感じた。
要領の悪い店員がいて不快だった。

一度、冷静に「その感情を楽しんでいなかったか」と考えてみよう。

〈例〉その腹立たしい感情を楽しんでいなかったか？
「さらにミスしろ」と心の奥底で望んでいなかったか？

自尊心が「ポキッ」と折れないように工夫する

チャレンジを続けていく人にとって、自尊心を守ることはとても大切なことである。

自尊心の柱がポキッと折れたら、もう目指せなくなってしまうからだ。

そうならないために、**ボクは目標をA、B、Cの3段階に設定している。**

とんとん拍子でいけば達成できるA目標、背伸びしたら届きそうなB目標に加えて、最悪の状況でもこれだけは死守するというC目標をつくっている。

やることなすことダメだったけれど、これだけはクリアできたと、C目標を達成することにより自尊心を守ることができる。

どんなときでも自分を好きでい続けられるように工夫している。

巨大な結果を出す人だから精神力が強い、出せない人だから弱いということはないのではないかと思っている。

みんな「やる気」というか細い蠟燭《ろうそく》の火を、大切に大切に守っている。

目指す人は「デリケート」なのである。

めげる人というのは、そのへんが「がさつ」なのかもしれない。

がさつがゆえに、うまくいっている人たちを、「いいよな、あいつら」みたいな感じで受け取ってみたり、その人たちがどれぐらいナイーブに、あなたの発した言葉で傷ついているかを知らない。

結果を出す人は、みんな丁寧に自分のやる気を守り育て、**常に心のメンテナンスをしている。**

心や体が疲れてしまうと、やる気はなくなる。

心や体が疲れているのにやる気があるならば、ボクたちは死に近づいてしまう。

心や体が疲れると、やる気をなくすことによって、生命を守っているのだ。

だから、メンテナンスが大切なのである。


だからボクは、マッサージに行くのは仕事だと思っている。

マッサージを受けることで、体がラクになって心が快復するからだ。

マッサージに行くことは道楽だと思っている人もいる。

「快」を授かることに罪悪感を持っている人もいる。

しかし、マッサージに行くことで、良い心の状態を得、良い仕事ができるのである。

マッサージは、自分の体のトリートメントでもあるし、心のトリートメントでもあるのだ。

WORK

今あなたが達成したい
ABC目標を書き出してみよう。

A 目標

B 目標

C 目標

どんな感情も「自分が好んで」選択している

気持ちがすぐれないとき、ボクは執着せずに手放し、流すようにしている。

「今日はダメだ、心の状態が良くない。あんまり深く考えないでおこう」と、深みにはまらないように気をつけている。

何かがうまくいかなくて、ずっと自分を責め続けてしまうときは、

「神様、このことはもうだいぶわかったし、だいぶ懲りました。たぶん大丈夫だと思うのでオッケーだと思います」

と言うようにしている。そうするとだいぶラクになる。

気持ちがすぐれないときは、バッドにはまっている状態だ。

だから、「神様、もうだいぶ懲りてますから大丈夫です」と言って、「危険、危険、気をつけましょう。そこに入ったらえらいことになるんで」というふうに自分を止めている。

生きるっていうのはいっぱい罠《わな》があって、いくらでもバッドの状態に入っていけるようになっている。

住む環境が悪い。

常に会っている人が、いい人でない。

自分に投げかけている問いが良くない。

など、日常でバッドに入っている状態に気づけなくて、どっぷり凹《くぼ》みに入ってしまっている人は多い。

逆に、常に「悦」にいるというのも、振り戻りがこわい。

「悦」にずっと入っていく人はドーンと落ちやすくなる。

だからボクは、**「快」の状態のモードにずっといるのが一番いいと思う。**

「快」の状態は副作用が少ない。

すごく中庸で、でも、力強くて影がない感じがいい。

「やるぞ！」と言って、快を超えて悦のほうに寄ってしまうと、ちょっとうまくいかなくても、自分に問いかけをせずに「いってまえ」的に行動してしまう人が多い。

「これ、楽しめてるんですか？　この時間を続けていいんですか？」

「続けないほうがいいな」

「じゃ、やめたほうがいいですね」と、心のなかの対話をするといい。


「陰」とか、「鬱」とか、「狭」とか、「怒」とか、「悩」といったモードから、「快」のモードに切り替えられない人がいる。

感情というのは危険でもあり、喜びでもある。

だから、めげたり、腹が立ったりするのを、知らない間に楽しんでしまっている人がいる。

「私、つらいんです」って言う人がいるけれど、実はそのめげてどよんとしたモードが好きなんだと思う。

続けられるということは、その感情を楽しんでいるということだから。

だから一度、「この感情をより好んで選択しているんだ」と認識してみたらいい。

「うちの彼氏ひどくて、もう本当につらいんです」と言って1年も続いている人も、それが好きなんだ。

「うちの会社ひどいんです、辞めたいんです」と言って辞めない人も、それを楽しんでいる。

一度、「わざわざこれを好んで選択しているんだ」と自覚すると、「ちょっと待ってよ、それは違うわ」と、新しい発想になる人もいれば、「実はそうなんです」ってなる人もいる。

自分がハマりそうになったら、「自分はどのモードに入っているのか」を認識することが大切だ。

WORK

あなたが
「イヤなのに続けていること」は何ですか？

それを「わざわざ選択している」とするならば、
どう思いますか？

「紙に書き出す」と、心は整頓《せいとん》される

心が「快」な状態であると、いい情報をキャッチできる。

心が「快」な状態でないと、いい情報はキャッチできない。

人は、うまくいっていると気持ちが「快」になるし、うまくいかないと「快」ではない。ちょっと曇ったり、沈んだりした気持ちになる。

うまくいかないことのなかには、どうしようもないことがあるのに、そのどうしようもないことを悩んでいる人たちは多い。

インディアンの言葉に、「**変えられるものを変える勇気と、変えられないものを受け入れる広い心と、その違いがわかる知恵を、神様、ありがとうございます**」という言葉がある。

やるべきことをやる勇気を持ってほしい。

変えられないものは変えられないのである。

それを悩み続けるほど人生は、長くない。

そしてその違いを見極める知恵は、経験によって手に入れることができるのである。


寿命が延び、時代の変化が速くなった。

寿命が短く、時代の変化がゆっくりのときは、人生の始まりから終わりまでの間に多くの変化が求められなかった。

寿命が延び、時代の変化が激しくなったがゆえに、人生のスタートから終わりまでの間に、複数のメジャーチェンジを、ボクたちは求められているのである。

それがゆえに、心のなかに複数の問題を抱えてしまう傾向が多々ある。

問題が問題なのではなく、心のなかに複数の問題が存在していることが、心の混乱を招く問題となっているわけである。

なので問題は、頭のなかで処理するのではなく、紙の上で考える必要がある。

紙の上に書き出すことによって、心は整理整頓される。

心は整理整頓するとシャープになる。

「ハッキリしていること」と「ハッキリしていないこと」をハッキリさせると、心はスッキリする。

書き出された問題点に対して、優先順位を付け、一つひとつに対処法を考えていく。

来週にならないとわからないことは、来週から悩めばいい。

今あなたがフォーカスしなければならない問題の数を絞り込み、少なくすることで、憂鬱感をやる気に変えていくことができる。


心のなかにある「負の感情」も、紙に書き出すことで、解消することができたりする。

「あの人、本当に腹立つ」と悩んでいるときは、その悩みを紙に書き出してみるといい。

すると、「あの人には腹が立つ。でも、実は、あの人に対して腹立つことが問題ではなくて、それが引き起こされる原因はこれだから、このことについて対処しないと」というかたちで、「悩み」から「対処法」へとフォーカスを移すことができる。

これを頭のなかでやっていると、なかなか客観視できないのだ。

WORK

自分の心のなかにある「悩んでいること」を書き出して、対処法を書いてみよう。

悩んでいること	対処法
〈例〉	
部屋が片づいていない。	リビングだけ今日片づける。
このままのペースでは目標が達成できない。	来週○○さんに相談する。

自分の心のなかにある「負の感情」を書き出して、客観視してみよう。

「問題を把握する」ことで仕事の半分は終わる

「ダメだ、イヤになってる」「乗り気じゃない」「ワクワクが乾いちゃった」「自分が小さく感じられる」と思ったら、止まって「なんでこれをやるんだったっけ？」を、人生レベルから考えてみるといい。

そんなに重く考えるわけじゃない。

自分の人生をワクワクしたいのであって、そのなかのひとつとしてこの仕事を選んでいて、今このフェーズにいて、これをやろうとしてる。「ああ、そうか、そうか」と**ゴールと今の自分の位置を確認すると、ワクワクはすぐ復活する。**

殆《ほとん》どの人が現在記憶で仕事をし、ワクワクしない自分を無視してしまっている。

例えば、文化祭で、「段ボールとガムテープをゲットしてきて」と言われたときに、ただ行く人もいる。

「この段ボールとガムテープは何に使う段ボールとガムテープなの？」というのがわかってないとやりたくない人もいる。

全体を把握せずに作業だけをやっているのは、組織の歯車である。

逆に、「なるほど。そうなるための段ボールか」となると、買いに行く意味が理解でき、未来記憶があふれてくる。


まず、自分のいる組織や仕事場の現状を把握しよう。

もし問題点が目の前にあるのであれば、何が問題なのかをしっかり把握してみよう。

把握することで、仕事の50％は終わったも同然である。


何がハッキリしていて、何がハッキリしていないかをハッキリさせる。

問題に対する憂鬱感が、把握することに対する意欲をそいだりすることがあるが、把握すること以外の方法では、その憂鬱感を払拭《ふっしょく》することはできないのである。

要は、**やる気は心のなかの整理整頓から生まれてくるもの**なのである。

WORK

今、あなたが抱えている問題を
書き出してみよう。

自分に毎日「100点」をあげる

やる気を続けられる人は、自分自身に100点をあげる癖を持っている。

それが下手な人は、毎日自分に100点をあげられず、やる気がなくなってしまうものだ。

続けようと思ったら、毎日自分に100点をあげたほうがいい。

「『もうダメだ……』、もうこんなんじゃうまくいかないじゃん』ということに気づく自分って素敵。そんな私は100点」と言えるほうがいい。

「ダメだっていうことにちゃんと気づけてる自分って、すごい繊細」みたいな、そういう100点のあげ方を覚えたらいい。

それが下手な人は、毎日減点してしまう。自分にマイナス点を与えてしまう。

一瞬やる気になるけど、それでは続かない。

そういう人は、ある程度までいっても自分を褒《ほ》めない。

「いっぱい仕事があるのに眠いから寝ようと思っている。ボクみたいなタイプは長生きするんだよね」と思ったり、「こういうのをちゃんとやらないといけないと思う人って、自分を責めてしまうんだよね」と思ったり。やる気を継続できる人は、ダメなときにも自分に逃げ場を与えるのがうまいのだ。


「結果を変えたければ、行動を変えればいい。行動を変えたければ、感情を変えればいい」


と言った人がいる。

往々にして、感情を変えると行動が変わる。つまり、常に感情がいい状態にいることが重要だ。

感情が下がってしまっているのを無視して、「ねばならぬのだから」と言ってしまうことによって、自分を傷つけたり、劣化させたりしているケースが多い。

WORK

今日のあなたを思い出し、
１００点を与えてみよう。

点

自分を「無視する」癖をやめる

ボクは20代の後半にあるセミナーを受けて、バシャールの考え方に影響を受けている。

「ワクワク」が大切ですよ。ワクワクすることをトレースしていきましょう。そうすると、人生は好転していくんだと教わった。

ボクはそのとき、講師の方にこんな質問をしてみた。

「『ねばならぬ』ことってあるじゃないですか。どうしても社会人として『ワクワクしないのでやめます』というわけにはいかないことって、あるじゃないですか。それはどうしたらいいんですか」

そうしたら、素晴らしい答えをいただいた。

「本来ならそれをやめてもいい。社会人として機能する前に、人間として幸せになるべきだから、それは手放してもいい」と。

「だけど、例えば、『今日の当直、ワクワクしないんだけど』みたいな、どうしようもないことってどうですか」とボクが聞くと、こんなアドバイスをもらった。

「自分とちゃんと会話してますか？」

「ごめんね。わかってるよ。やりたくないの、わかってるよ。ちゃんとわかってるからね。それをやらせてごめんね」って、「**自分にやりたくないことをさせていることを、自分がわかっているということを自分に伝えないとダメですよ**」ということを教えてもらった。

これをやると、心にストレスがたまらない。

「ごめんね」「イヤなの知ってるよ」「やらしちゃってごめんね」「わかってるから、わかってるから」って、自分が自分に言う。多くの人が、こんなとき、自分を無視してしまう。

「もうやらないといけないんだから、仕方ないじゃん」とシャットしてしまう。

例えば、やりたくない仕事が目の前にあって、しかし明日が締め切りである。ここで、「やるのが当たり前じゃん」と自分の心を無視することをしてしまうと癖になる。

「ごめんね。やりたくないの知ってるよ。でもやらないといけないからやらしちゃってごめんね」と、自分を無視する癖がつかないように心がけることが大切だ。


これは、人に対しても同じである。

「仕事なんだからやれよ」じゃなくて、「苦手でしょ、これ。わかってる、わかってる。ごめんね、やらせて」と言葉にする。

自分自身に「仕事なんだからやれよ」と思っている人は、人にも「仕事なんだからやれよ」ってなる。だからやっぱり自分を愛せない人は、他者も愛せない。


みんな、ポジティブを演じている。

演じることで気持ちは切り替わるけど、「そうやって下がっている気持ちを知ってるよ」って自分に言ってあげないといけない。

例えば、頑固な性格を頑固じゃないようにしようと頑固にしても、ダメ。

頑固さを活《い》かせる方法はないのかなって考えないと、自分に優しくない。

自分じゃない自分でうまくいったって、しんどいだけだ。

WORK

あなたがあなた自身を無視しているときは
どんなときですか？

そんな自分に優しい声をかけてあげよう。

ケアレスミスをする自分を「許してあげる」

「ほんとに自分に優しいですよね」とか「自分のこと好きですよね」って、言われる。

「はい、大好きです」

ボクは本当に自分に優しい。

「アイ・ラブ・ミー」

自分のことを愛してやまない。


自分のことを好きになれない人がいる。

それって、理想が高すぎ、こうでないといけないというのがあるんじゃないのかなと思う。

「もう、なんでぇ……」みたいな、すごいミスを自分がしたとき、自分を嫌いになりかける。

そんなときは、**「違う、違う。ケアレスミスをするレベルなんだよね、俺は」と、認めちゃうといい。「これが今のボクなんだよね」って。**

失言、暴言、「やっちゃった」というときも、「違うんです。そういう気持ちで言ったんじゃないんです」って思うんだけど、それをカバーしようとすると、絶対さらに墓穴を掘る。

だから、ボクは失言をしたときは、「失言するレベルだよね、まだ」って、思うようにし、言い直したり、その場を取り繕ったりしないようにしている。

要は「自分はこのレベルなのに、こんなことを言っちゃった」「本当はこうなのに」じゃなくて、「まだこの失言をするレベルなんだよね」って、それを認めて、許してあげないとダメなのだ。

何かにチャレンジしてダメだったら、「おかしい。これができるのが自分なんだ」っていう考え方もあるけど、「それができなかったりするのが今のボクなんだ」って、自分をまず受け止めてあげるといい。

そんな自分にも絶対好機は回ってくる。


人間にはブワーっと運気が上がっていくときが必ずある。

乗っている人を見ると、その人と自分を比較し、うーってなるけど、「大丈夫、大丈夫。絶対に自分に好機が来るはず」って思うといい。

嫉妬《しっと》したり、「いいよなぁ」「やるなぁ、ボクは無理」になると、自分に好機が来なくなる。

だから、「すごい」「素晴らしい」って賞賛し、拍手できないとダメなんだ。

それができないと、好機自体を嫌ったことになってしまい、自分に好機が来なくなってしまうのである。

WORK

あなたの周りで今、乗っている人は誰ですか？

次に会ったとき、その人の何を賞賛しますか？

あとがき

最後までお読みいただきありがとうございます。

今、何が一番、印象に残っていますか？

今は印象に残っていないことのなかにも、明日ふと思い出すフレーズがあったり、3日後、1週間後、1か月後に、自分の心のなかから思い出されるフレーズがあるかもしれない。

読み飛ばしていったところが、ある日突然、フラッシュバックしてくることがあるので、そのときには、それをうまく使ってみてほしい。

逆に、今いいなと思っていることも、すぐに忘却の彼方《かなた》へ去ってしまうので、自分のなかにリマインドできる仕組みを持っておきたい。

人は3日経《た》つと、何を忘れたかを忘れてしまうので、3日以内に次の三日坊主をスタートしてみよう。

人生はやる気の実験室だ。

何度でもやり直し、学び直すことができる。

仕切り直しをすると爽《さわ》やかな気持ちが漂う。

仕切り直しの数が多い人ほど、イキイキしている。

知らない世界を知りたいと思う好奇心を、いつまでも持ち続けていたい。

山﨑 拓巳（やまざき・たくみ）

1965年三重県生まれ。広島大学教育学部中退。累計100万部突破のベストセラー作家。

「凄いことはアッサリ起きる」- 夢 - 実現プロデューサーとして、リーダーシップ論、コミュニケーション術、仕事術、メンタル／タイムマネジメントほか多彩なテーマで、セミナーを実施。

エッセイスト、画家、イラストレーターやコンテンツ商品の販売、音楽、映像作品にも関わり、国内外を問わず高い評価を得ている。

主な著書に、『夢を叶える17の法則』（大和書房）、『気くばりのツボ』『やる気のスイッチ！』『「ひとり会議」の教科書』『人生のプロジェクト』（サンクチュアリ出版）、『今日から人生が変わる！ 山﨑拓巳のココロの言葉』（アスコム）ほか多数。

アメリカ、香港、台湾、韓国、中国ほか、海外でも広く翻訳出版されている。

三日坊主《みっかぼうず》のやる気術《きじゅつ》

2012年 6月 5日　第1刷発行

著者／山﨑《やまざき》 拓巳《たくみ》

発行者／佐藤　靖
発行所／大和《だいわ》書房
東京都文京区関口1-33-4　〒112-0014
電話　03(3203)4511　振替　00160-9-64227
http://www.daiwashobo.co.jp

デザイン／イラスト　井上新八

本文印刷／厚徳社
カバー印刷／歩プロセス
製本所／小泉製本

ISBN978-4-479-79345-8